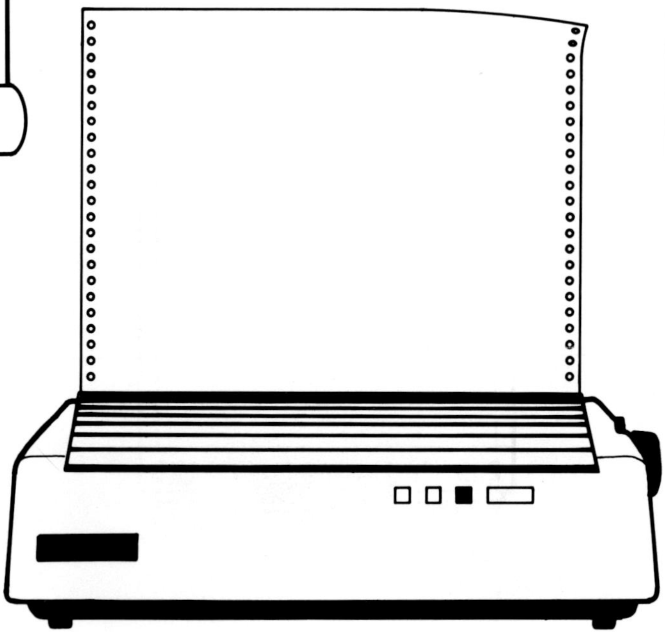

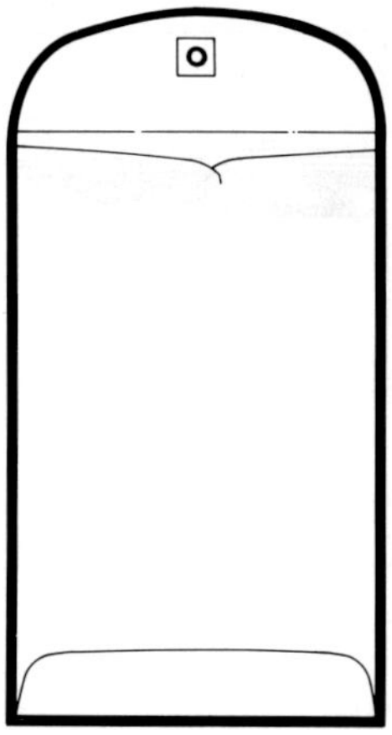

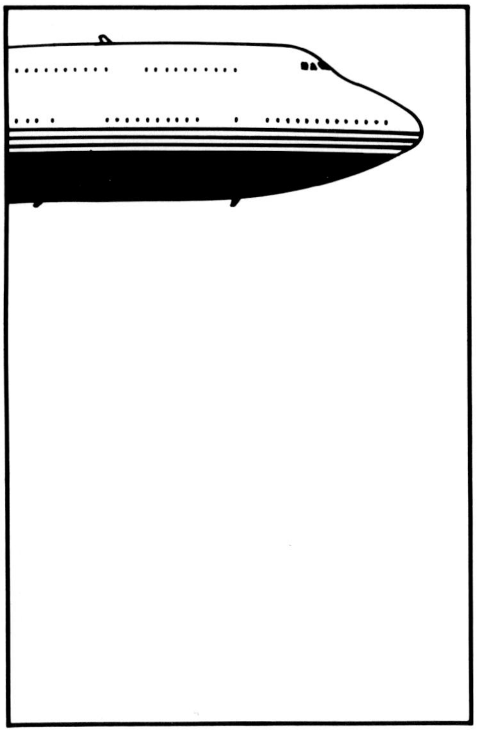
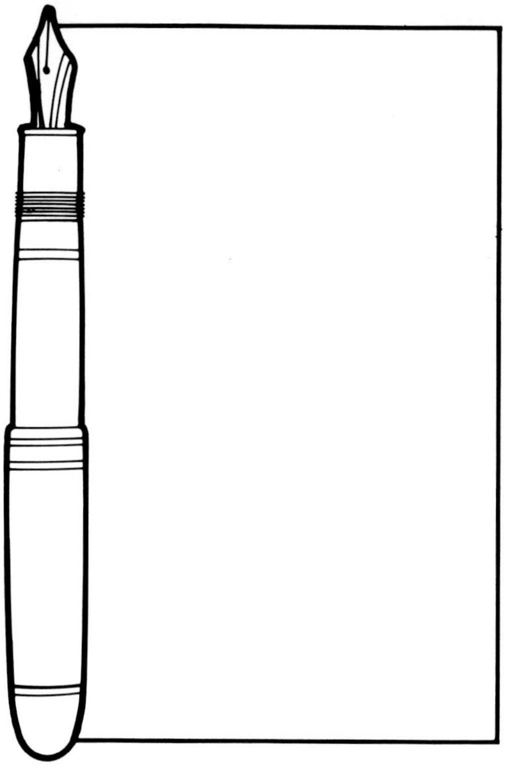
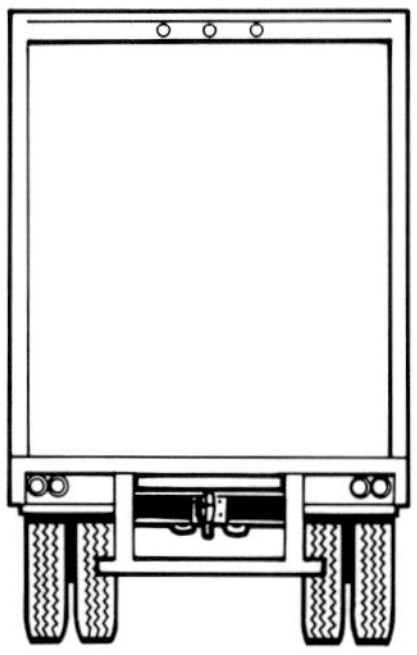

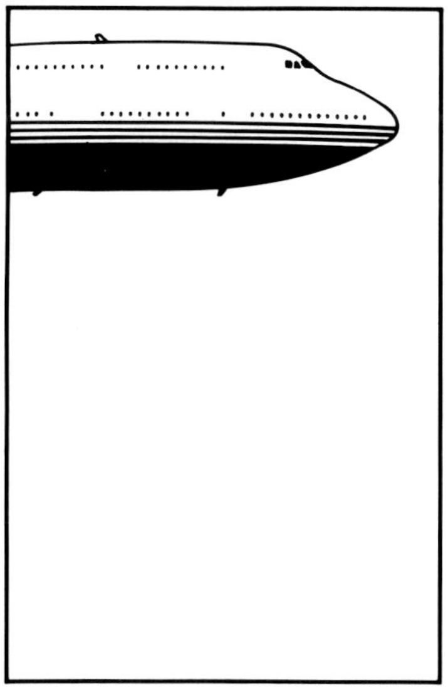
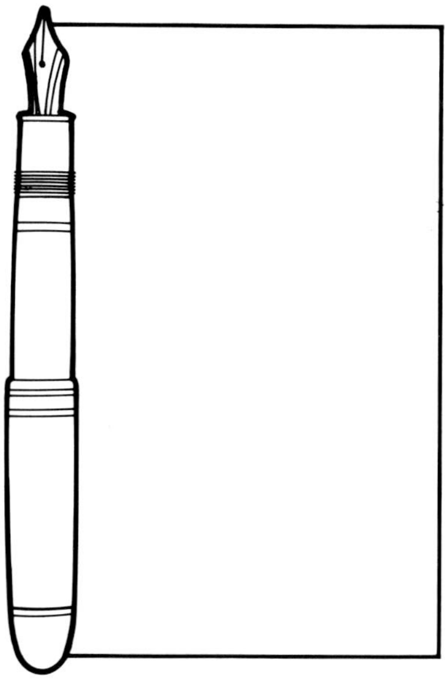
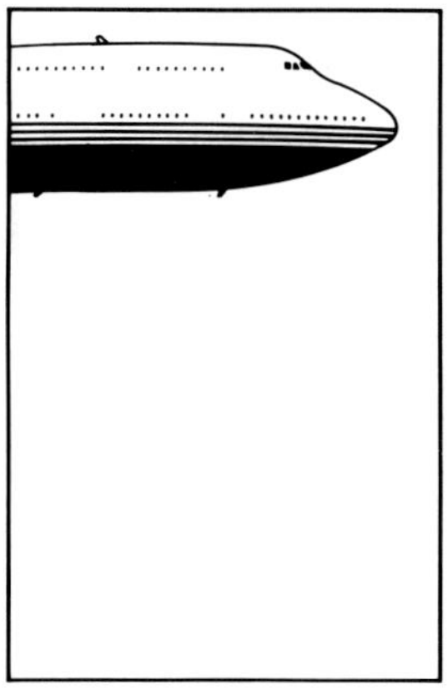

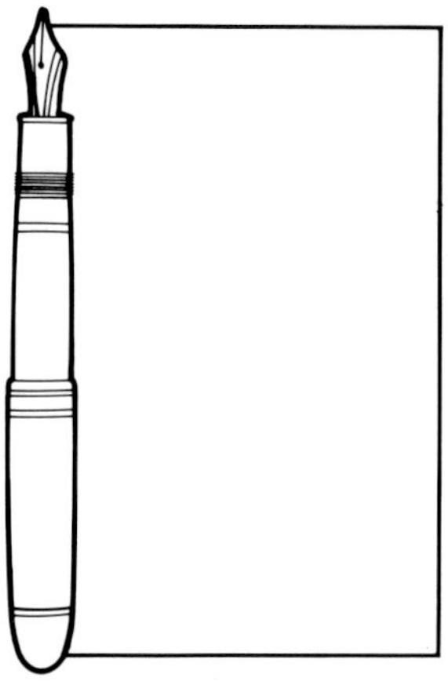

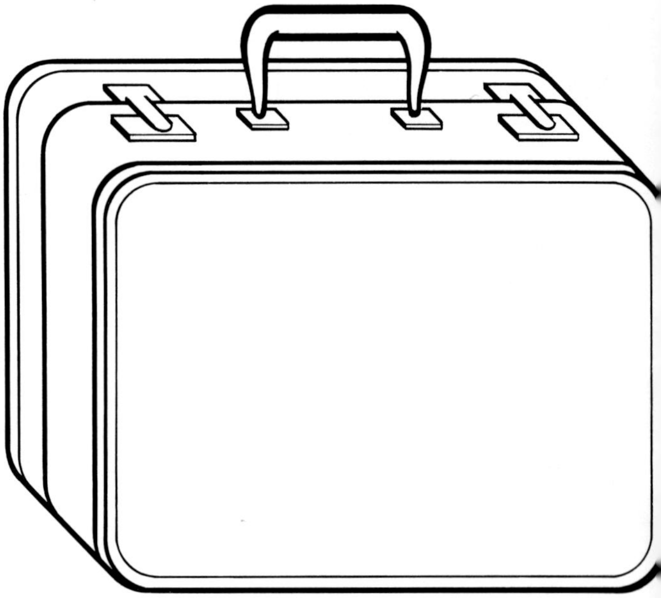

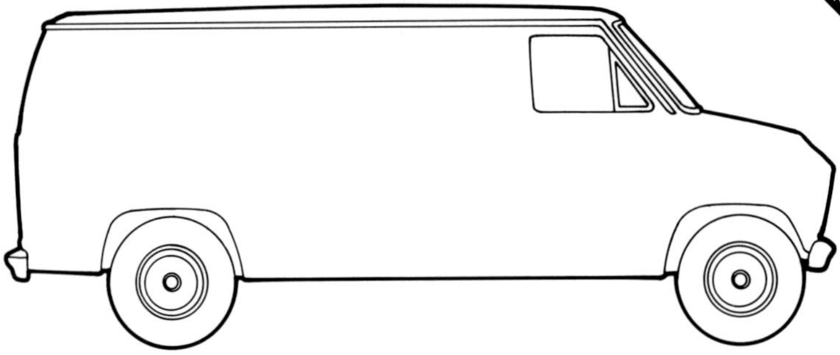

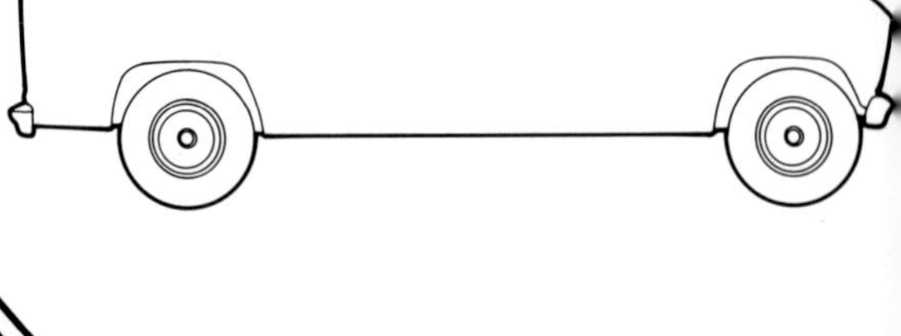

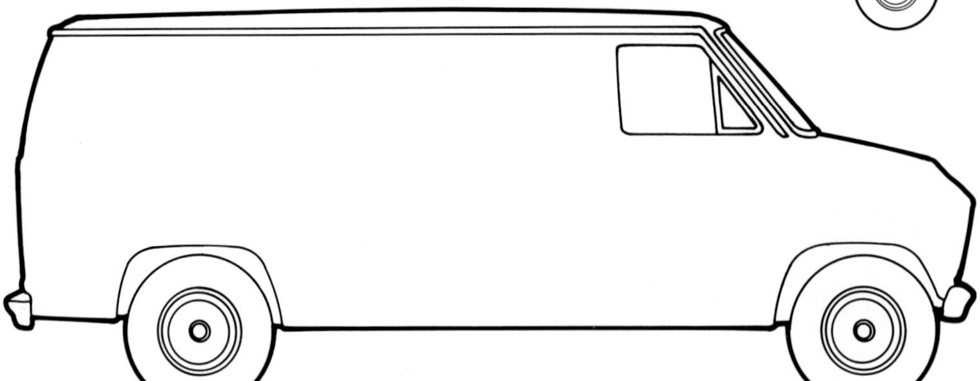

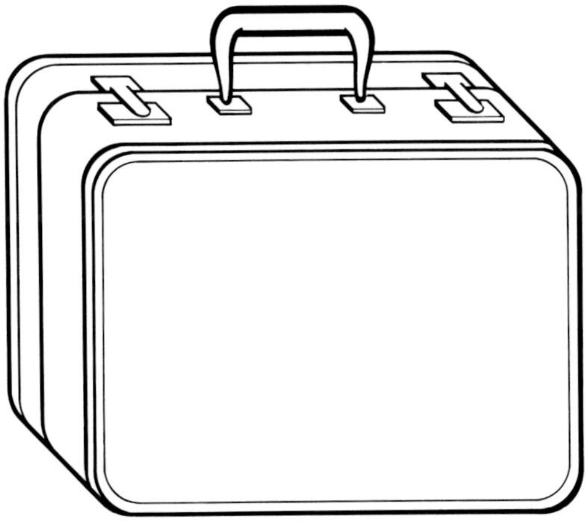
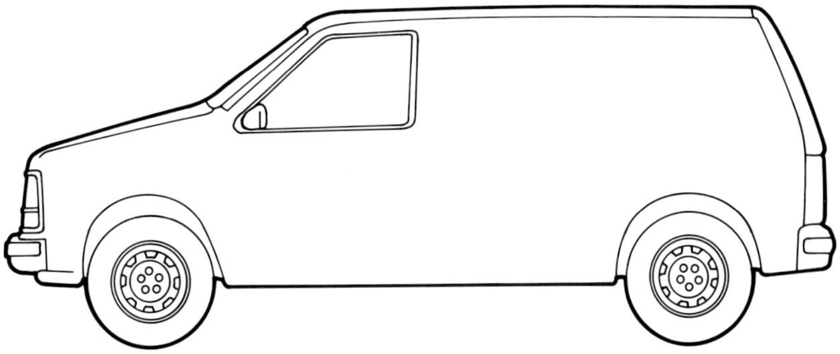
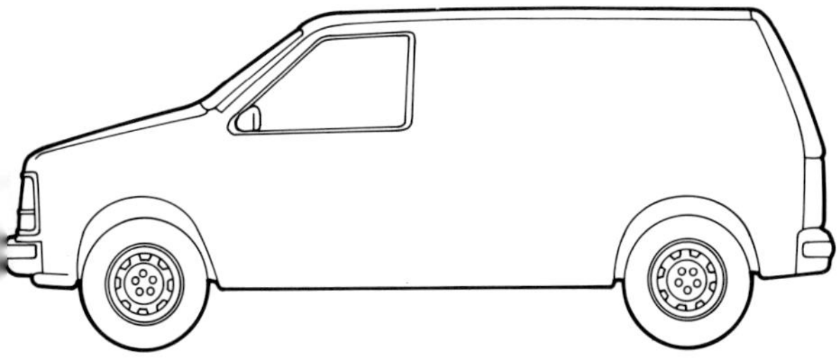
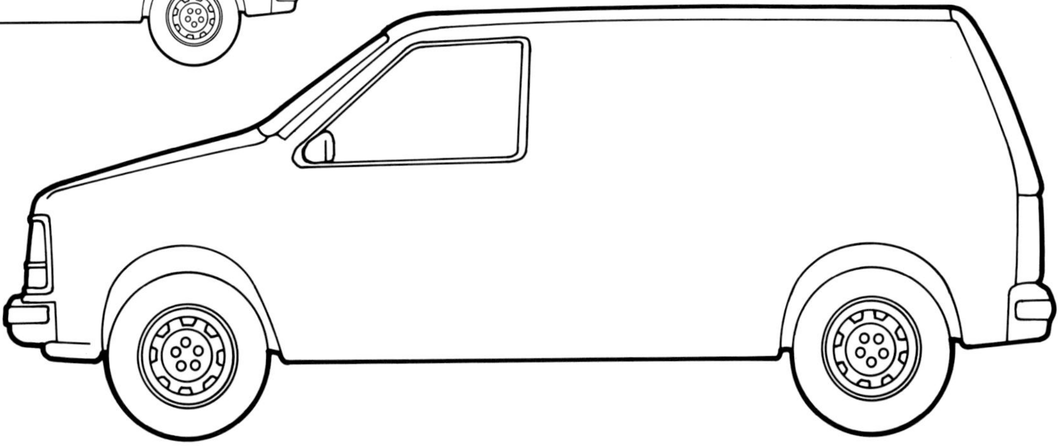

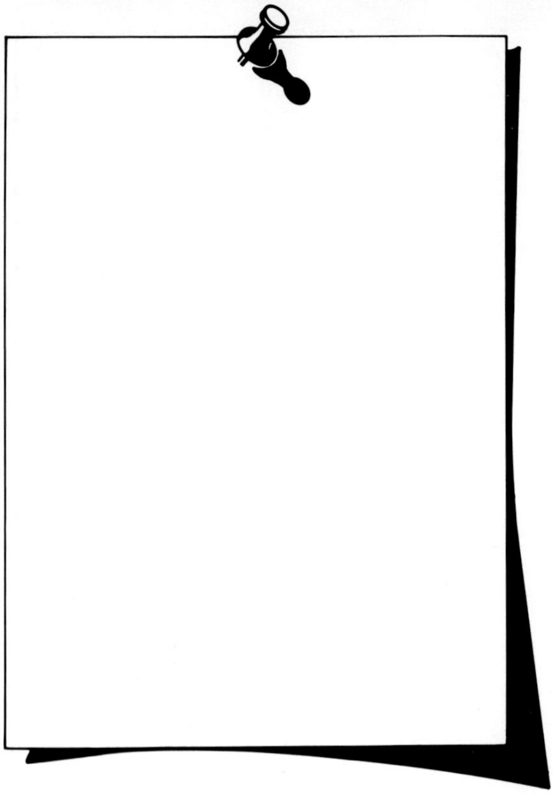
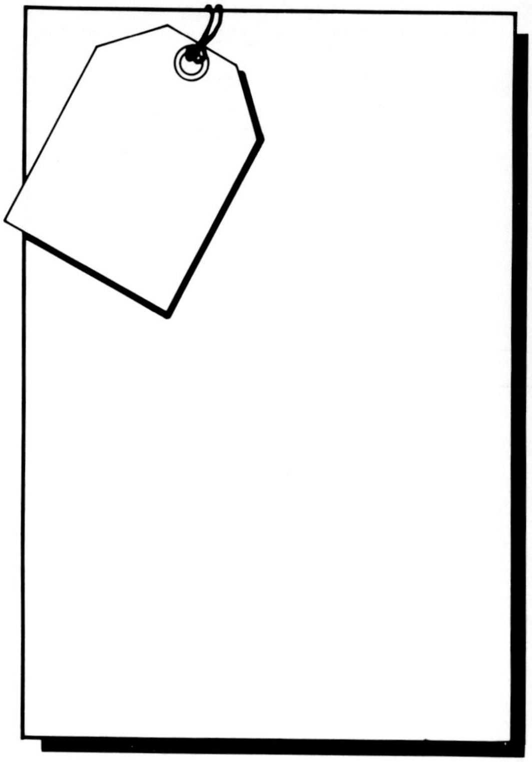
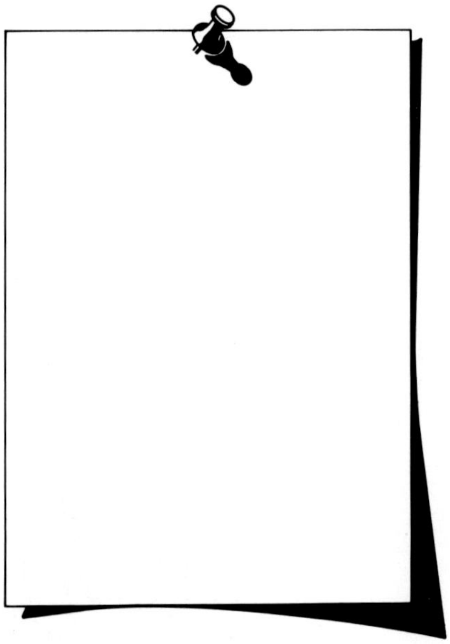
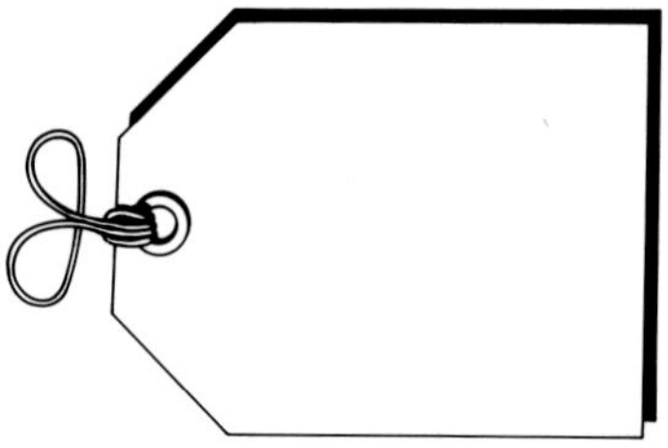
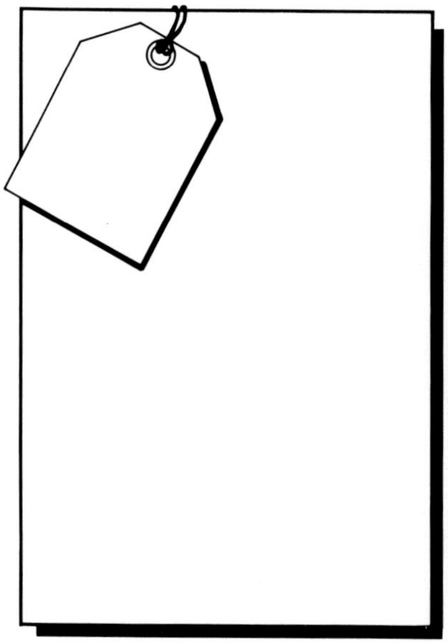
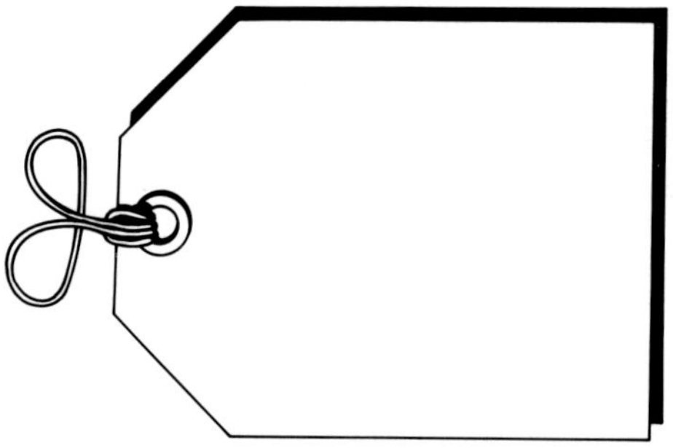
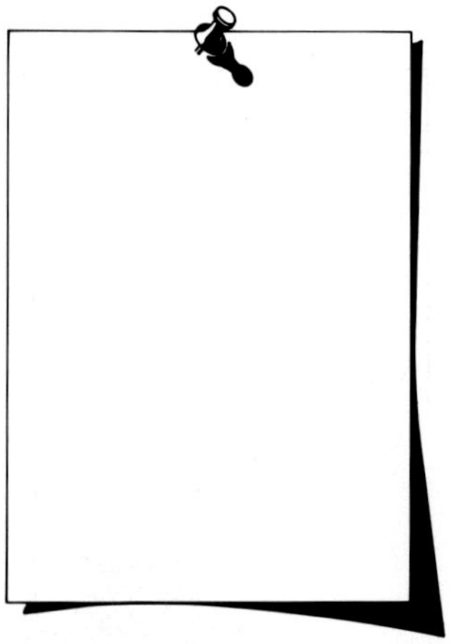
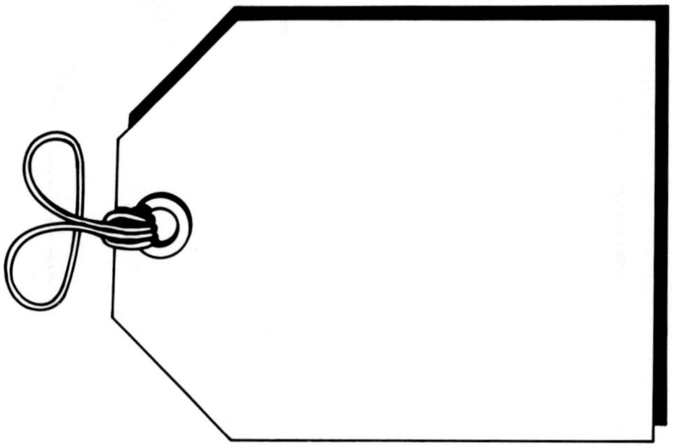
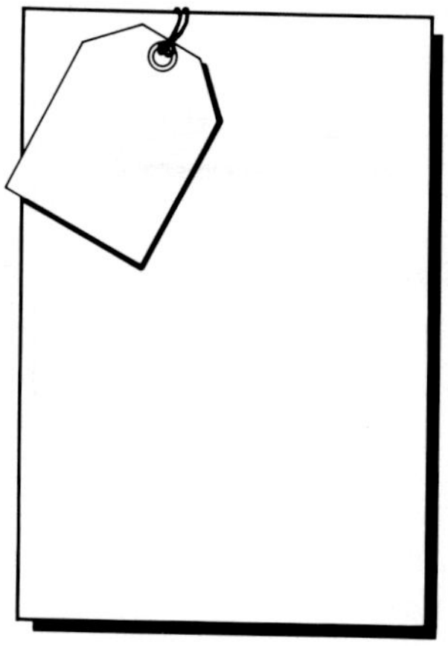

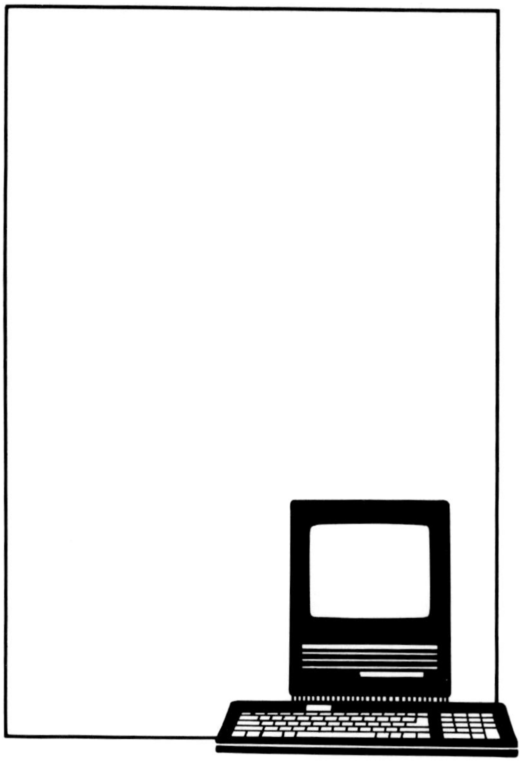
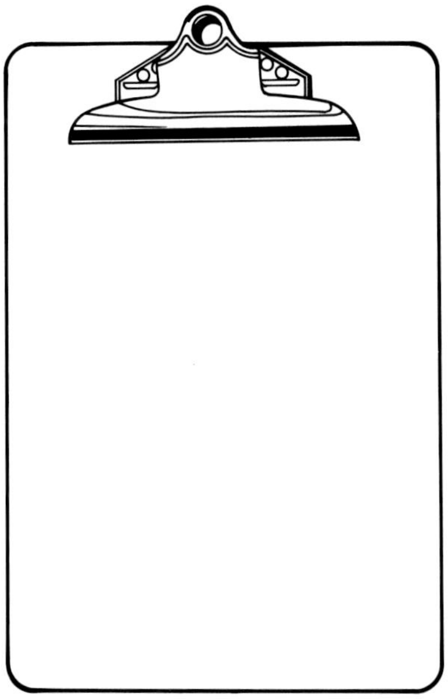
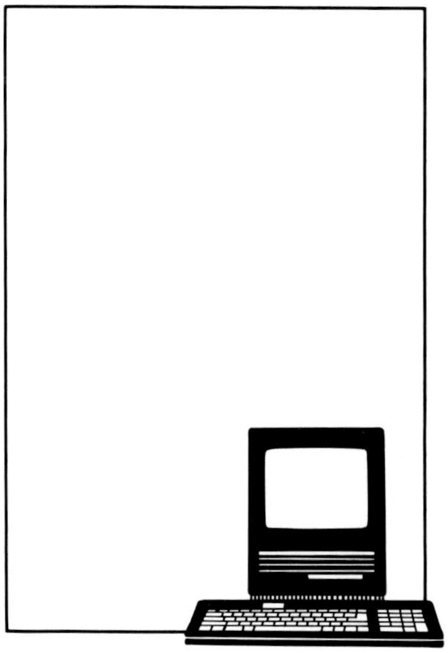

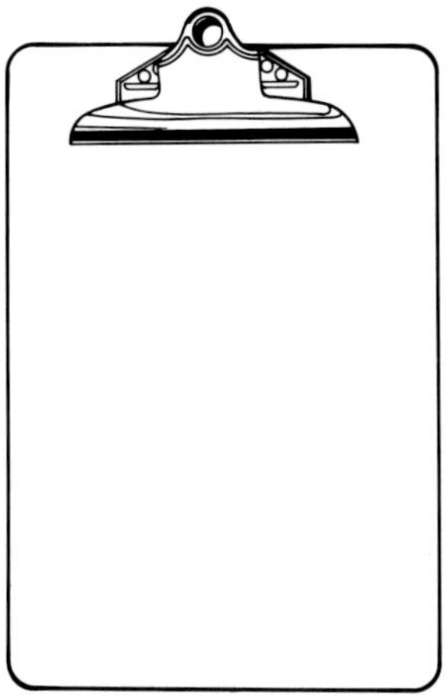

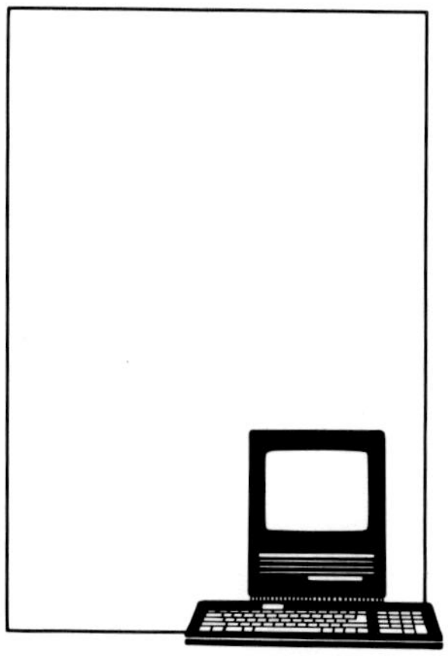

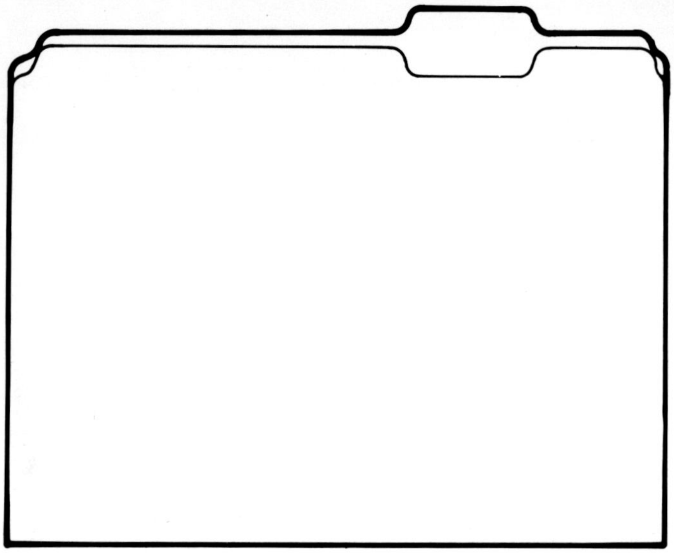
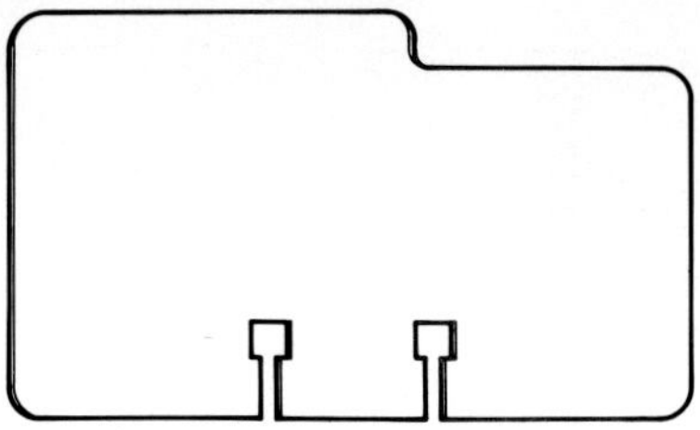
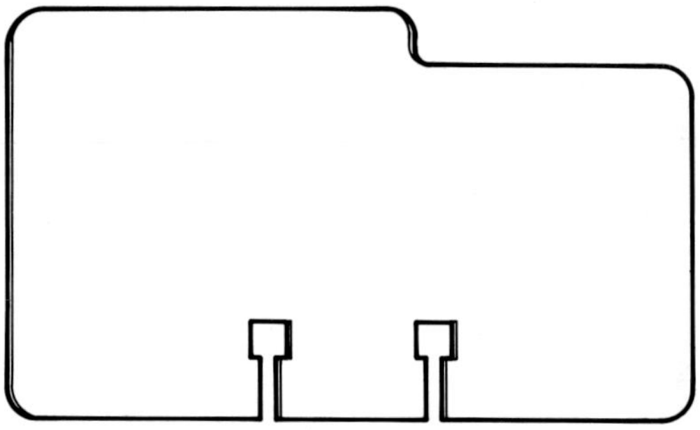
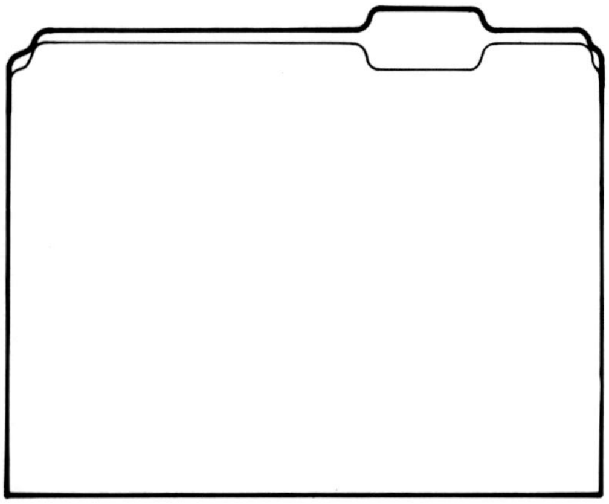
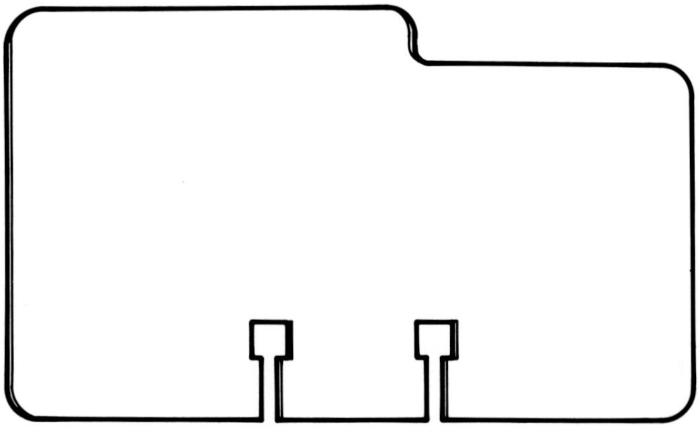
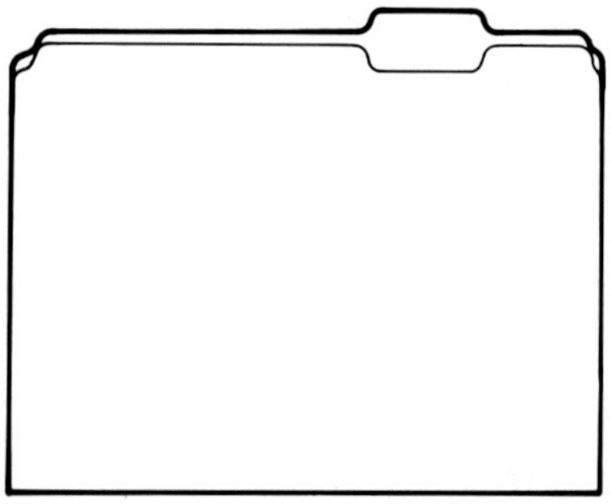

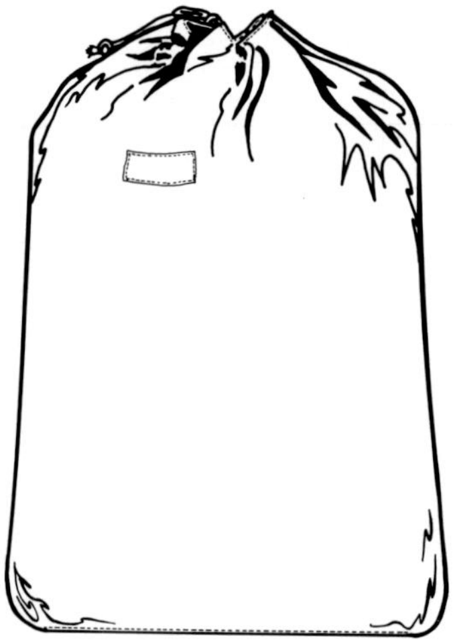

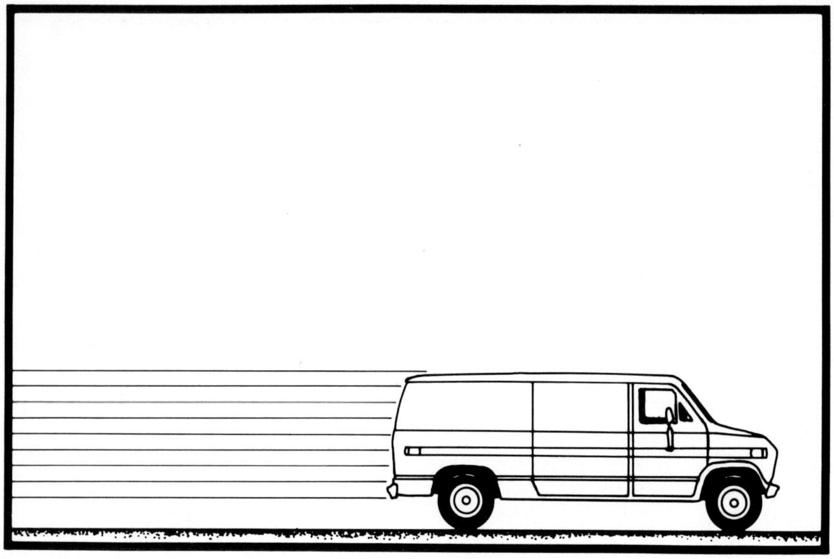

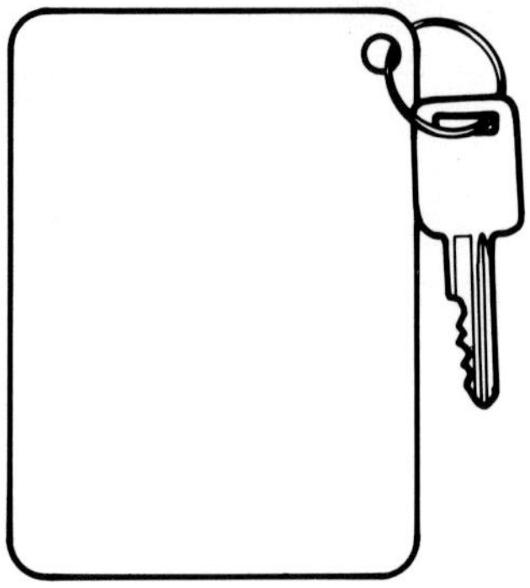

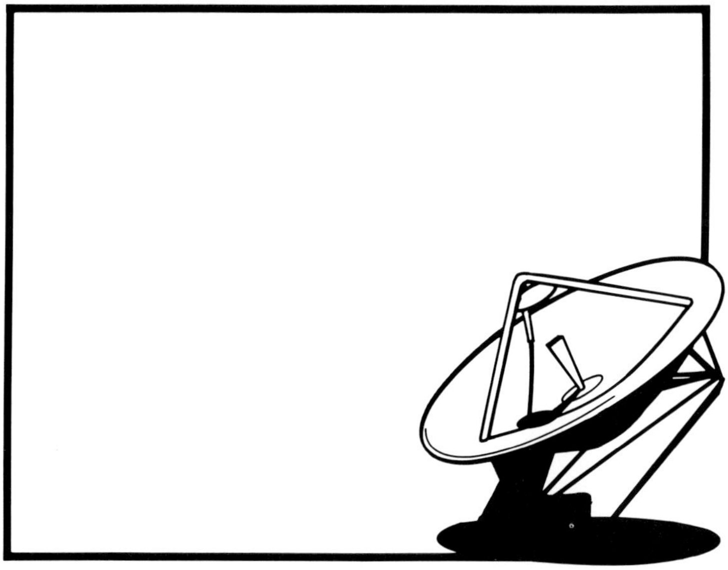
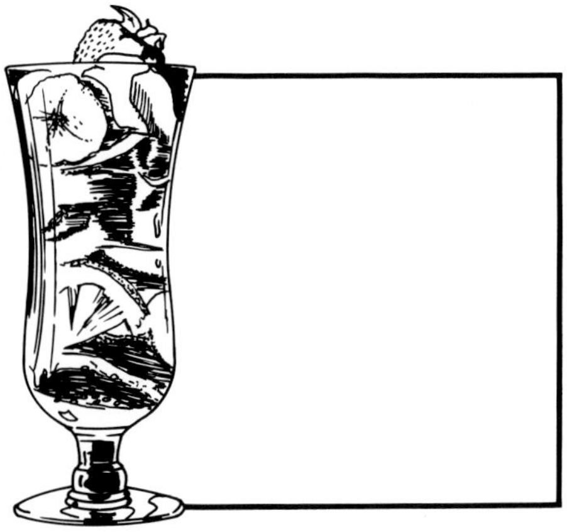

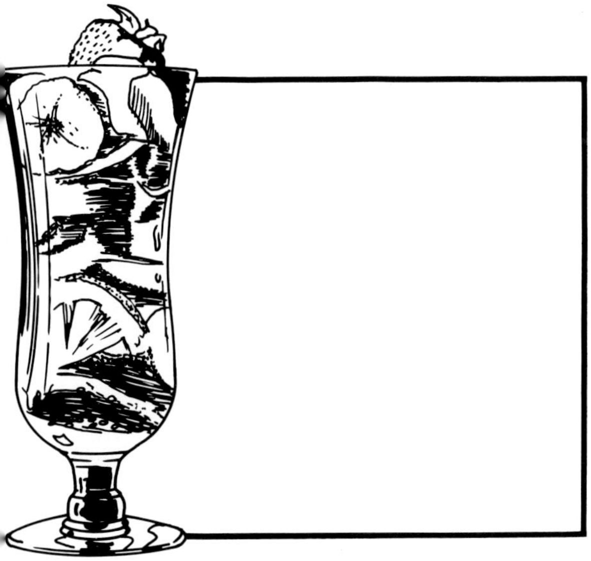

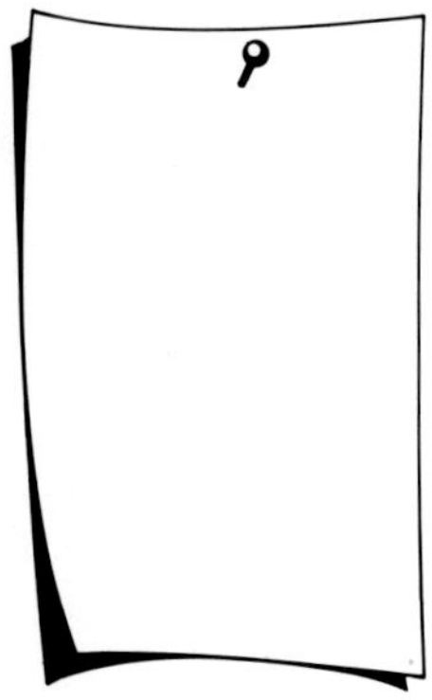
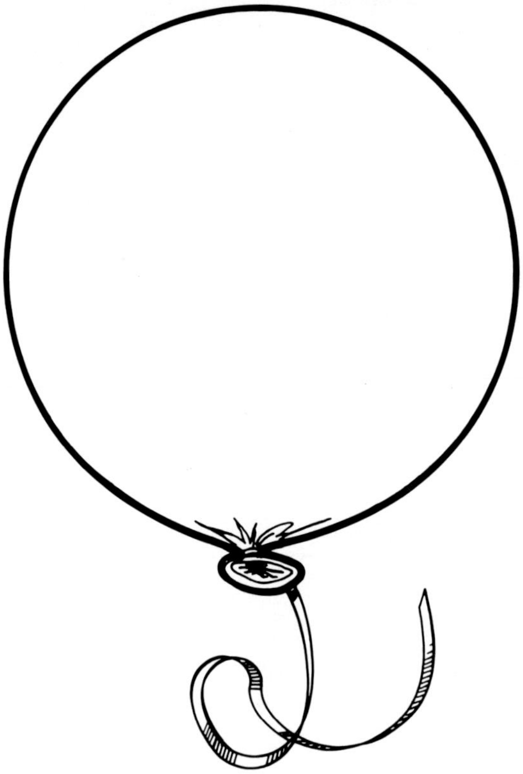

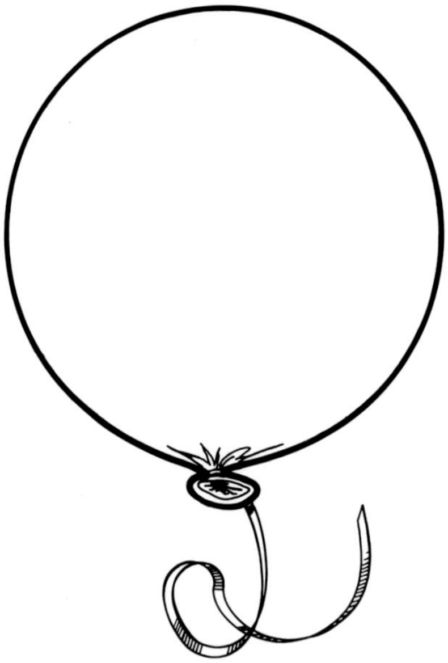

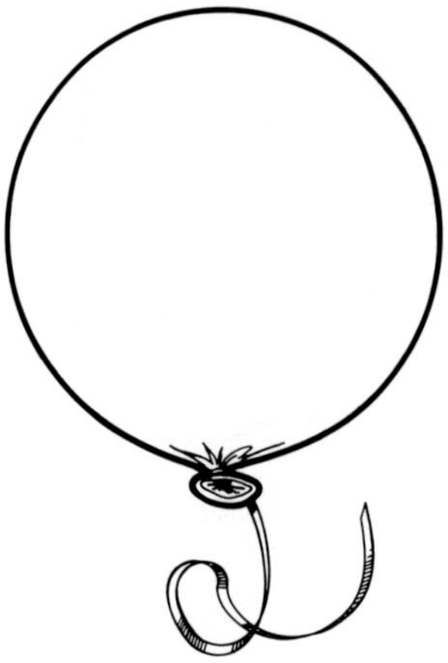

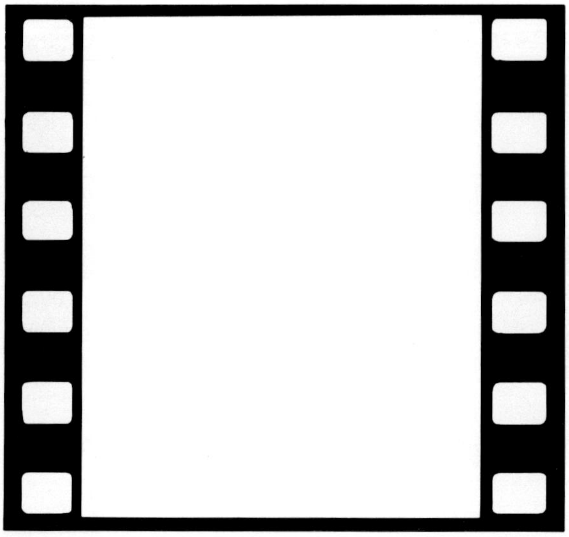

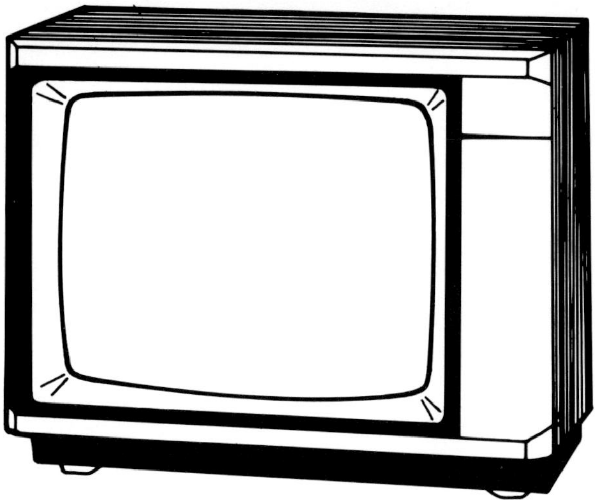

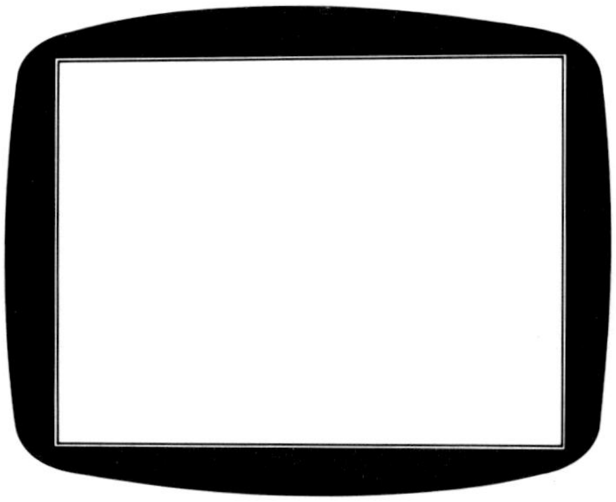

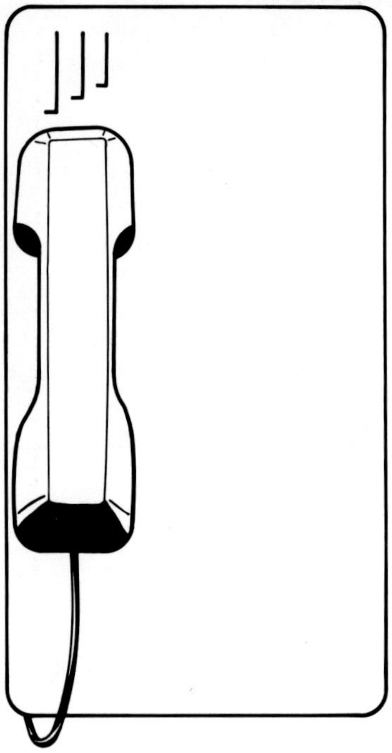

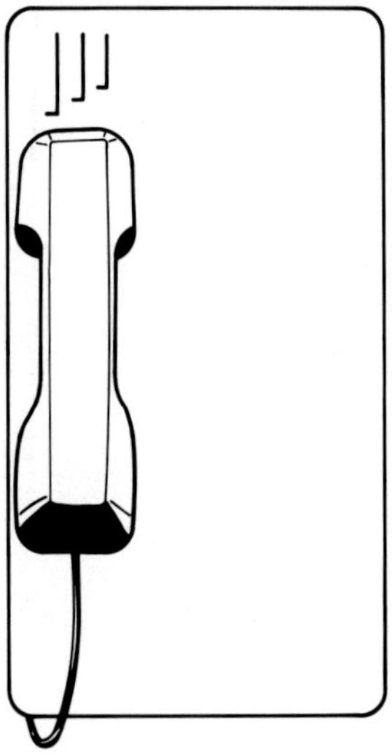

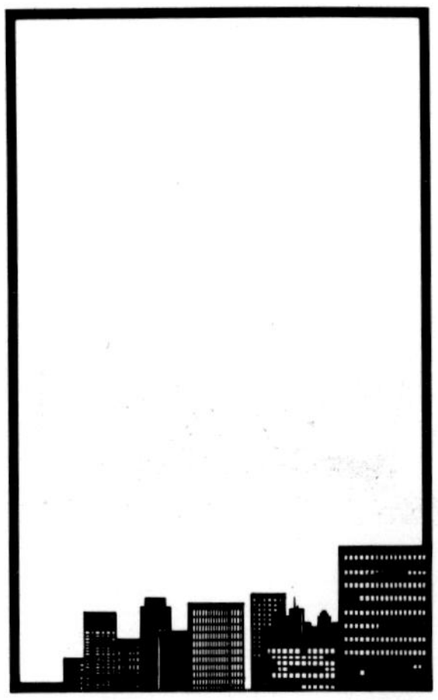
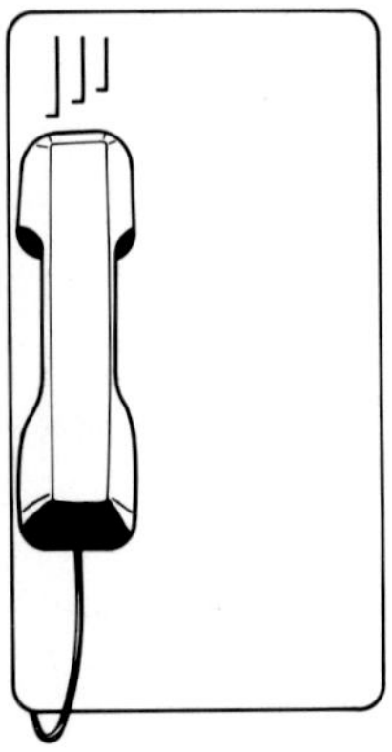

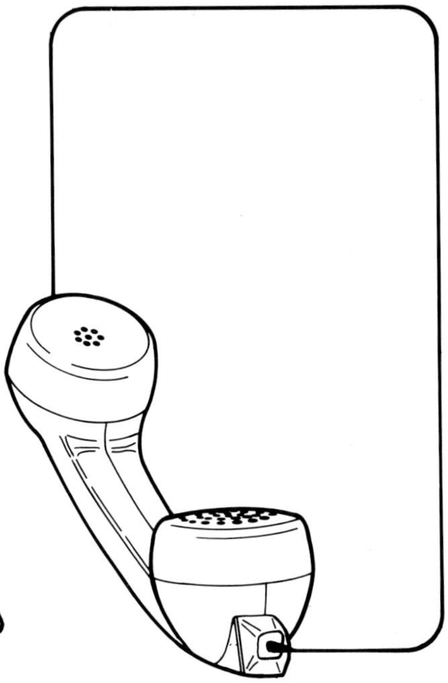

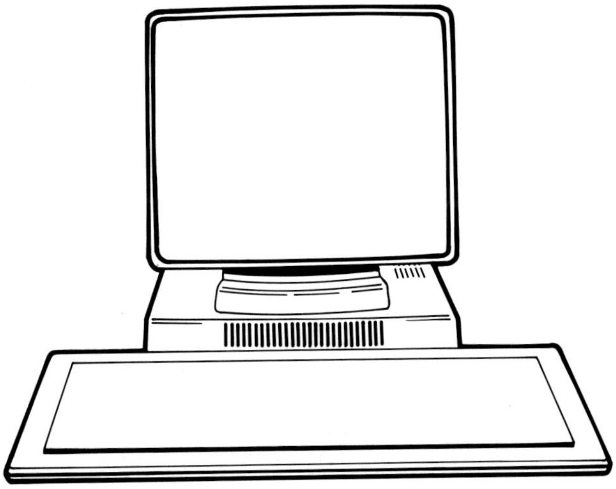
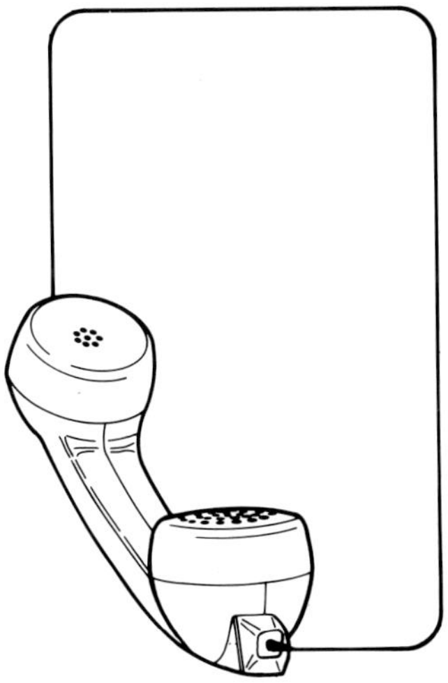

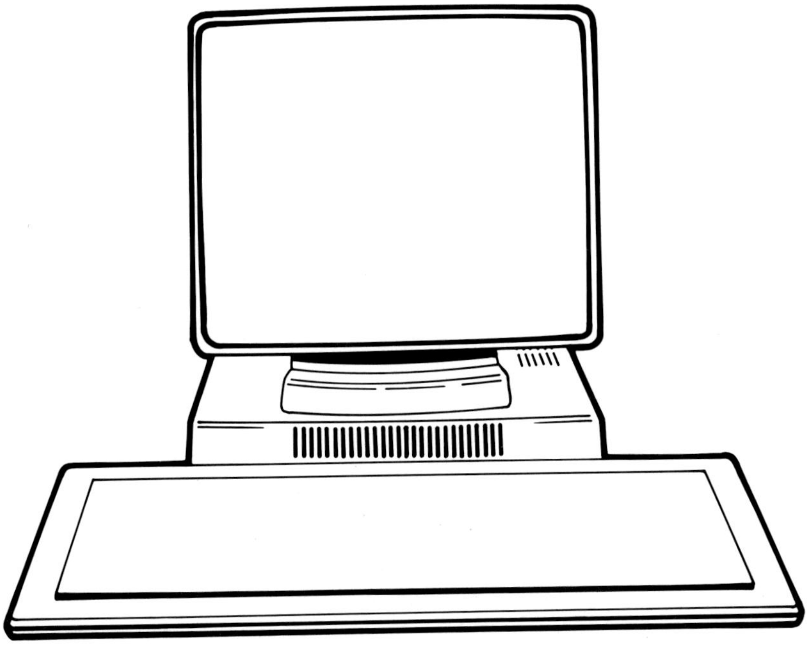
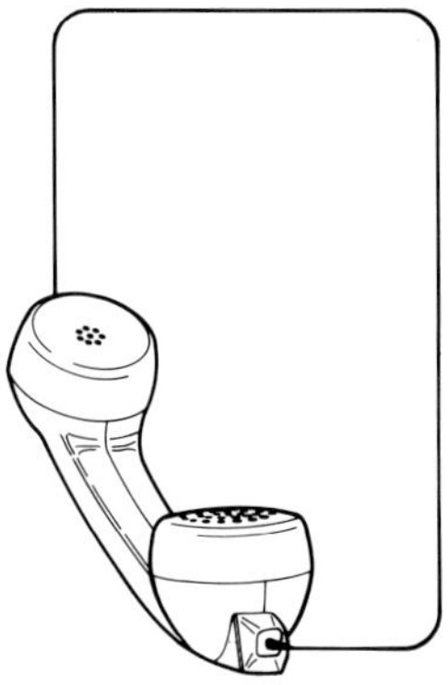

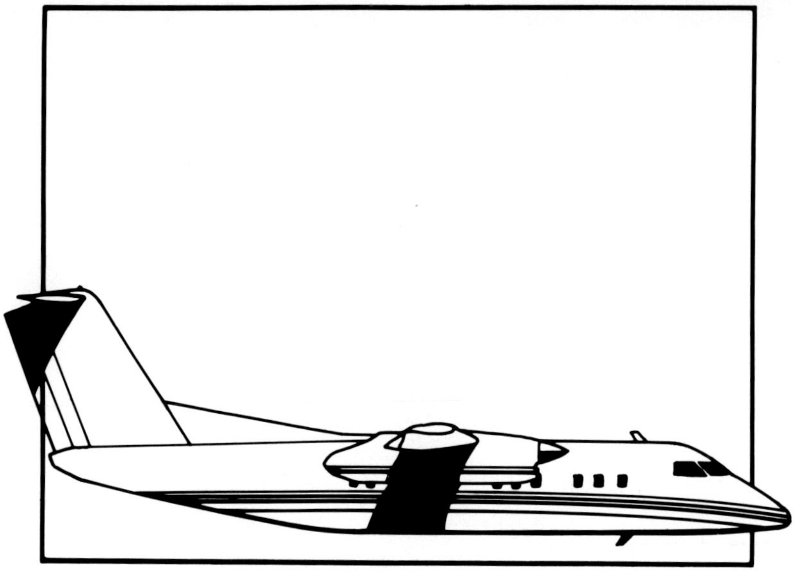

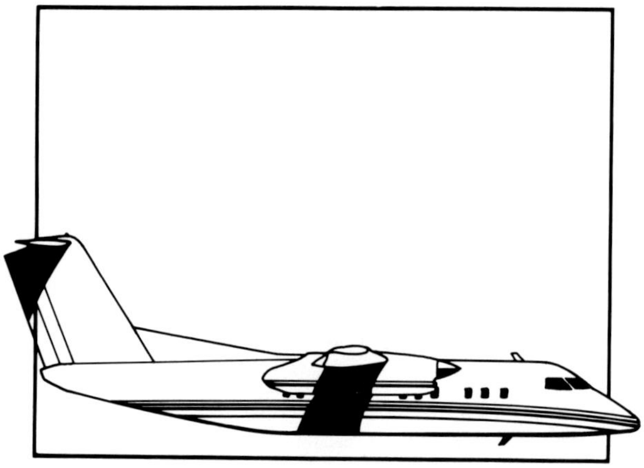

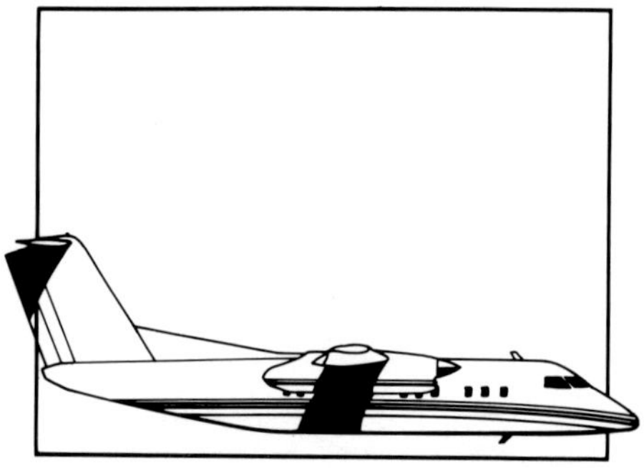

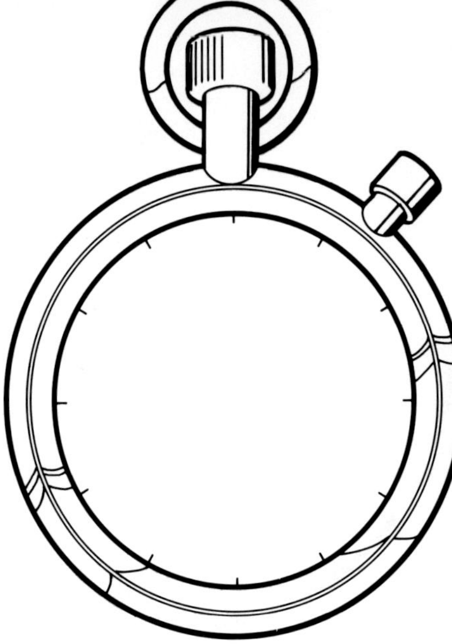
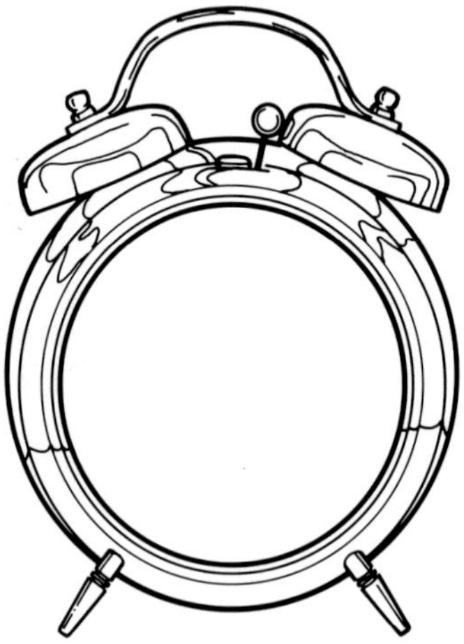

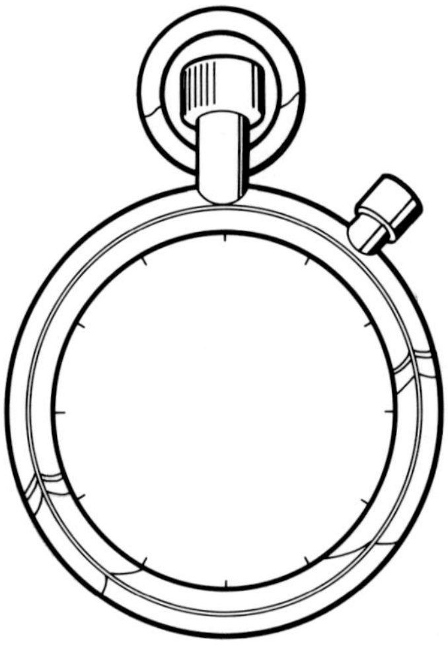

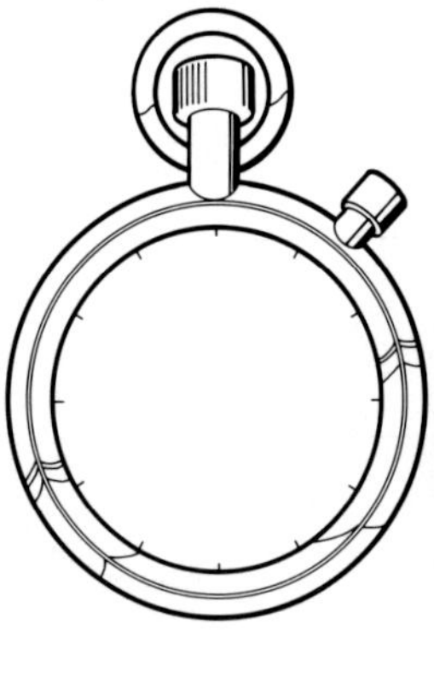

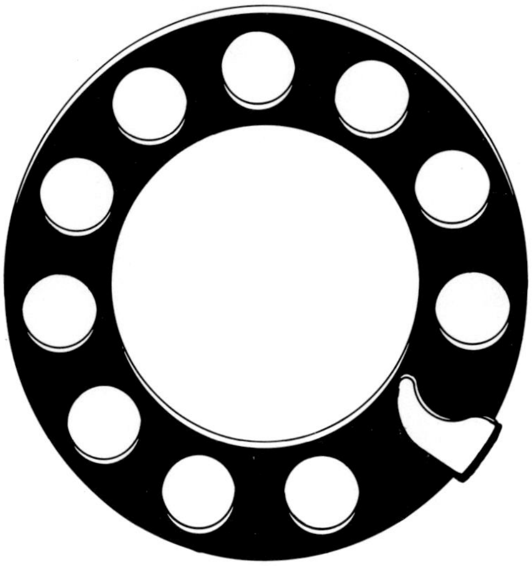
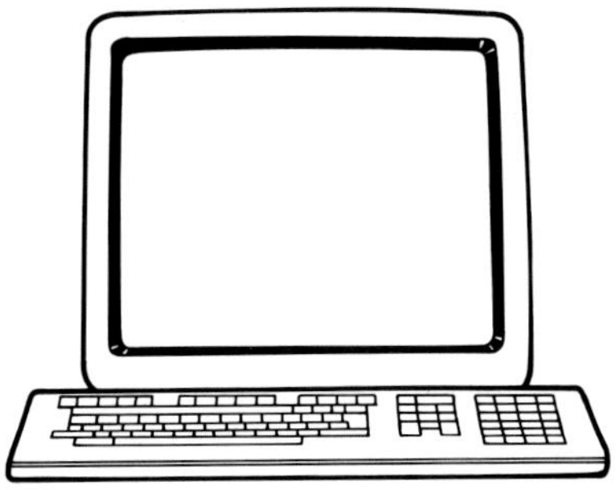

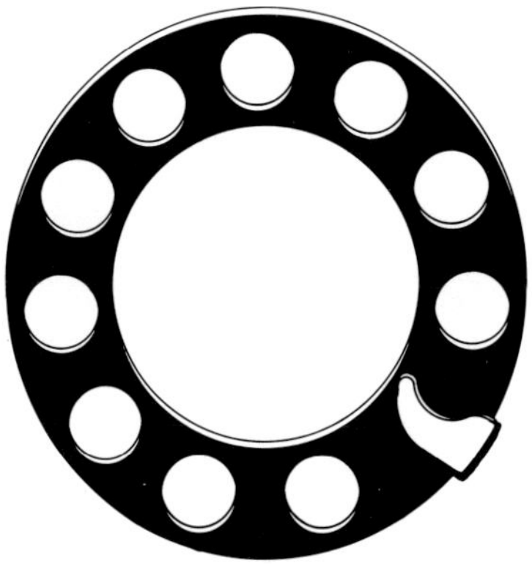
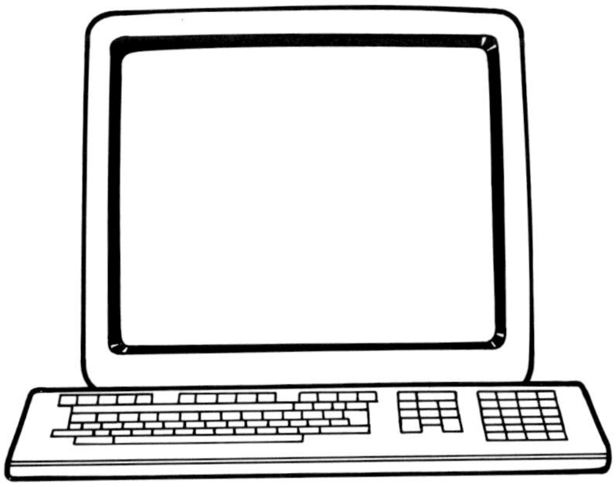

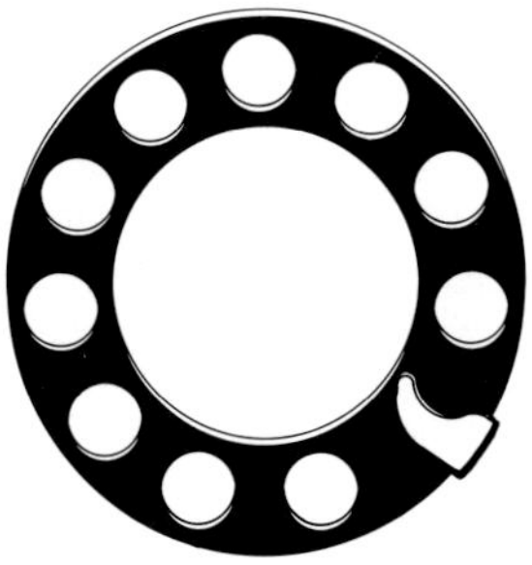
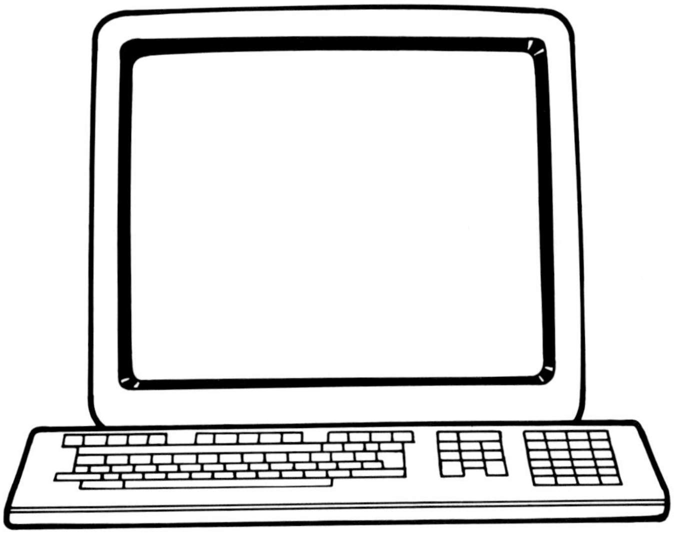

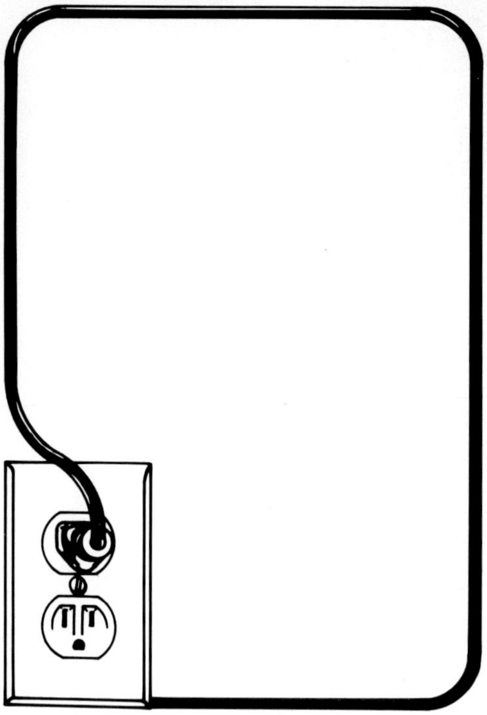
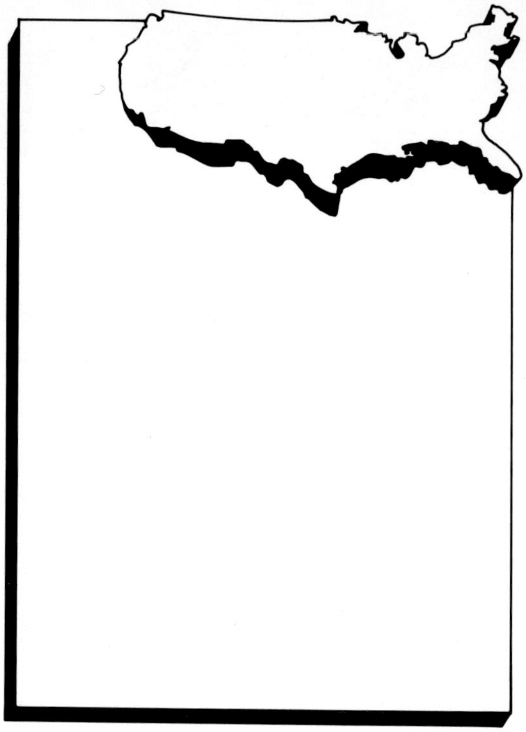

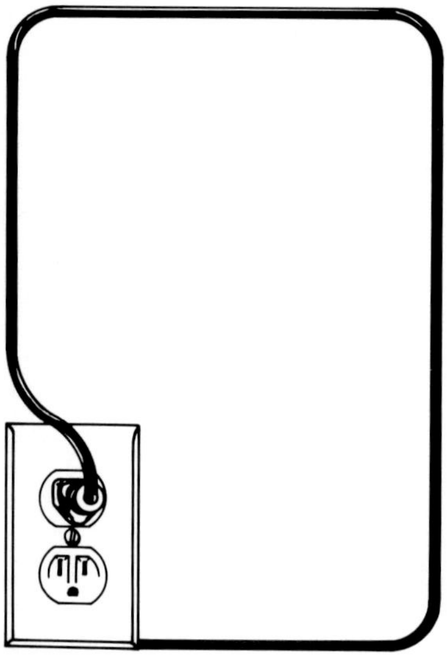

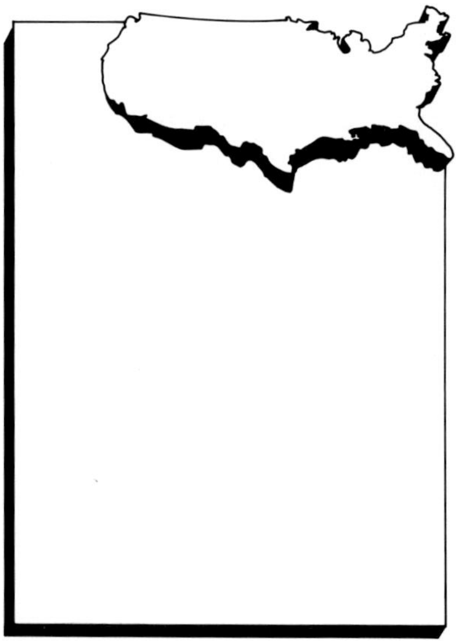
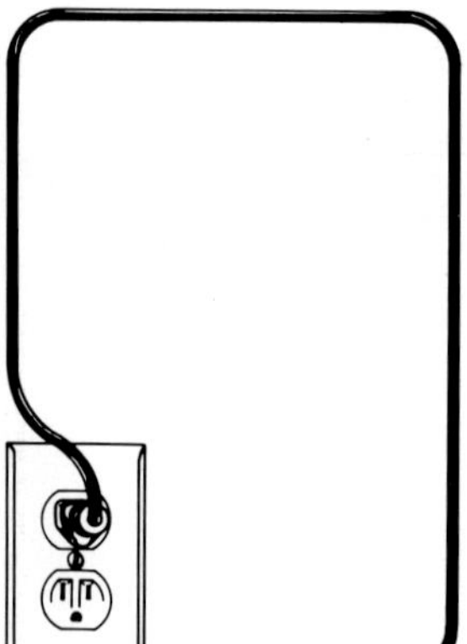

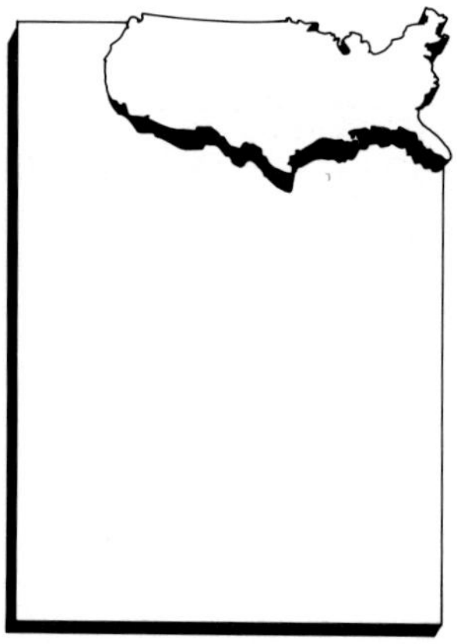

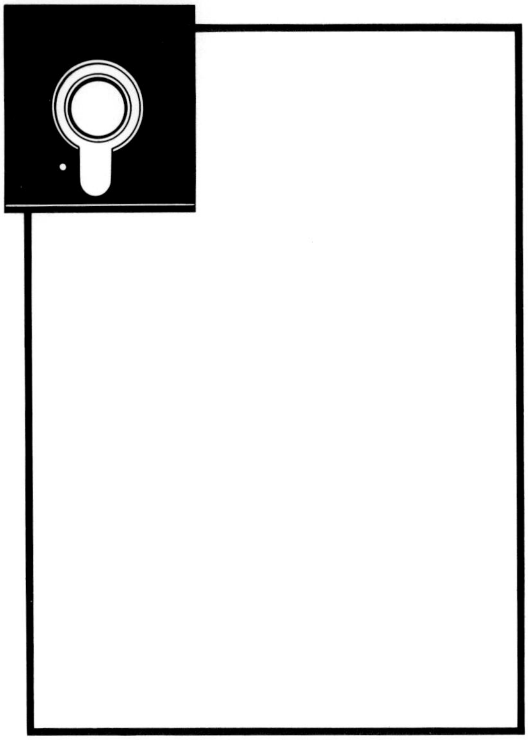

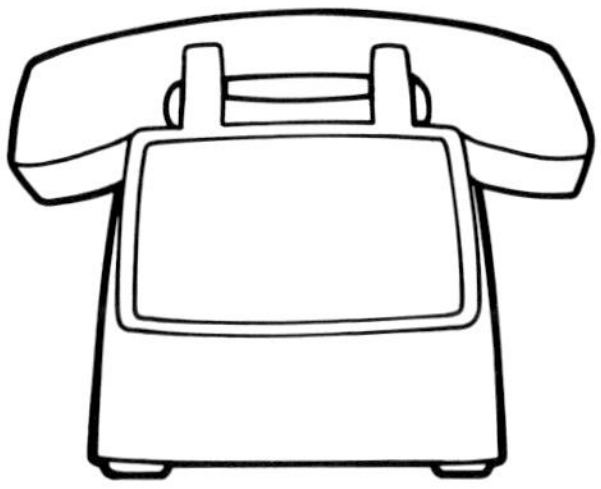

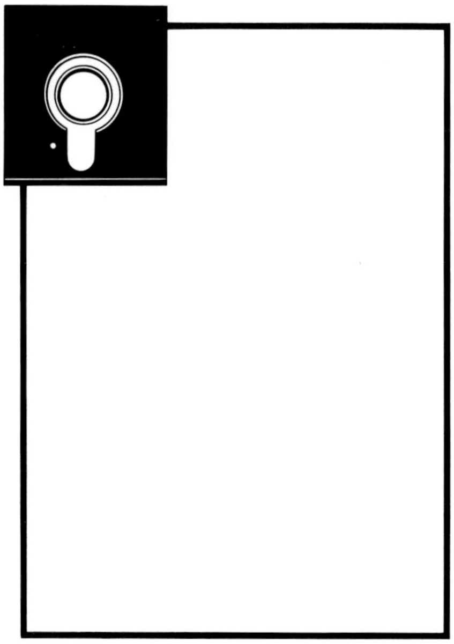

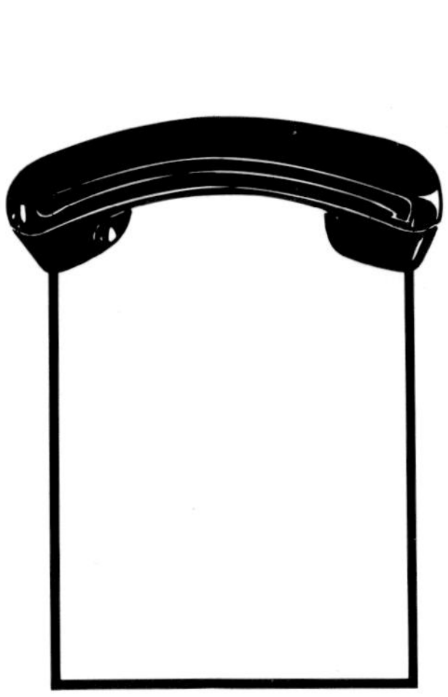

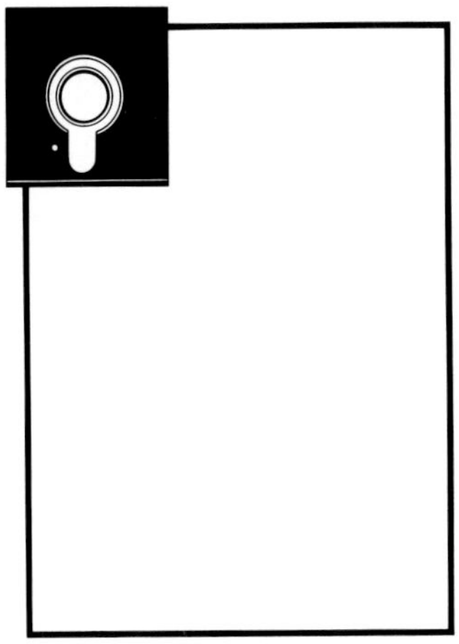

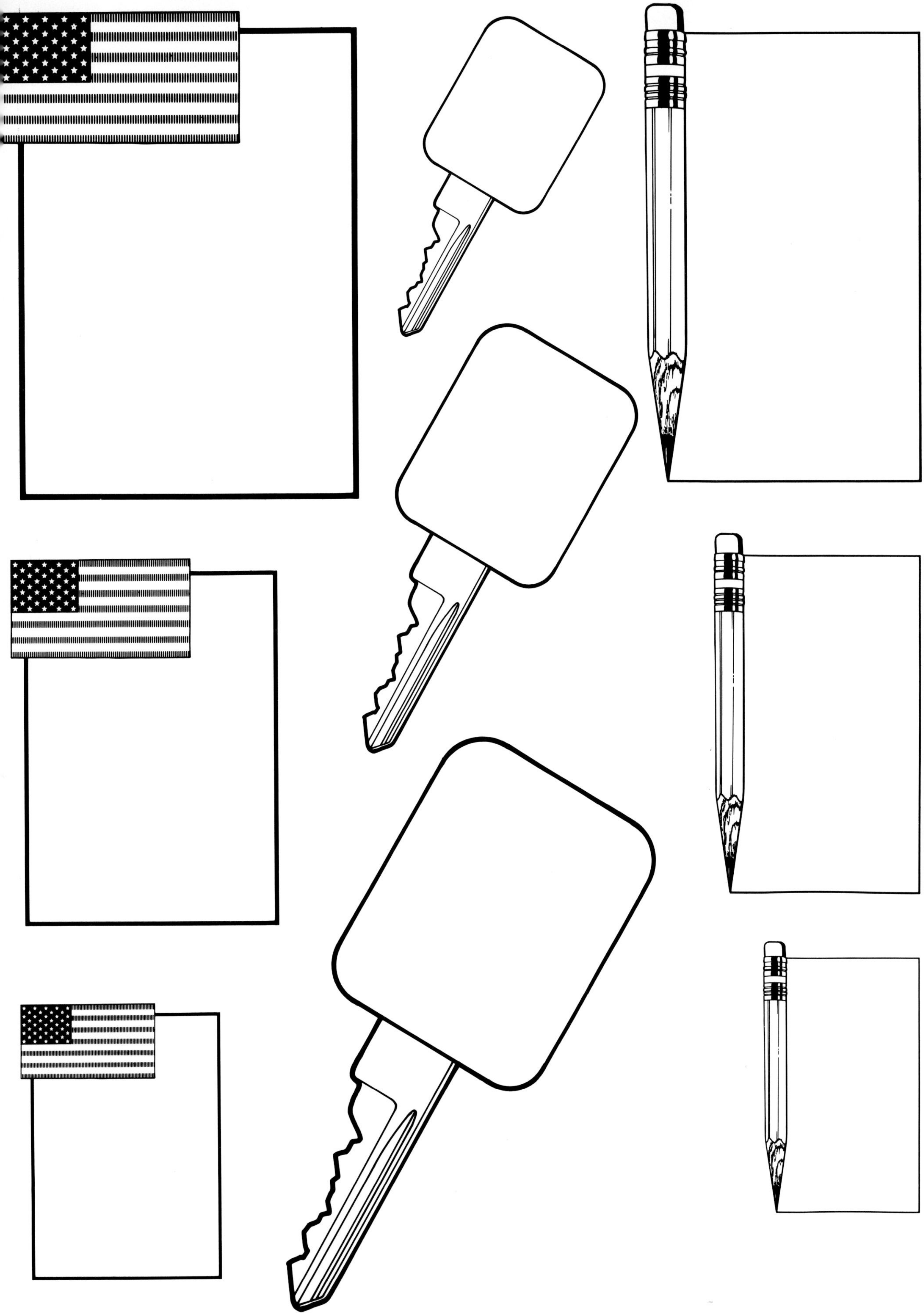

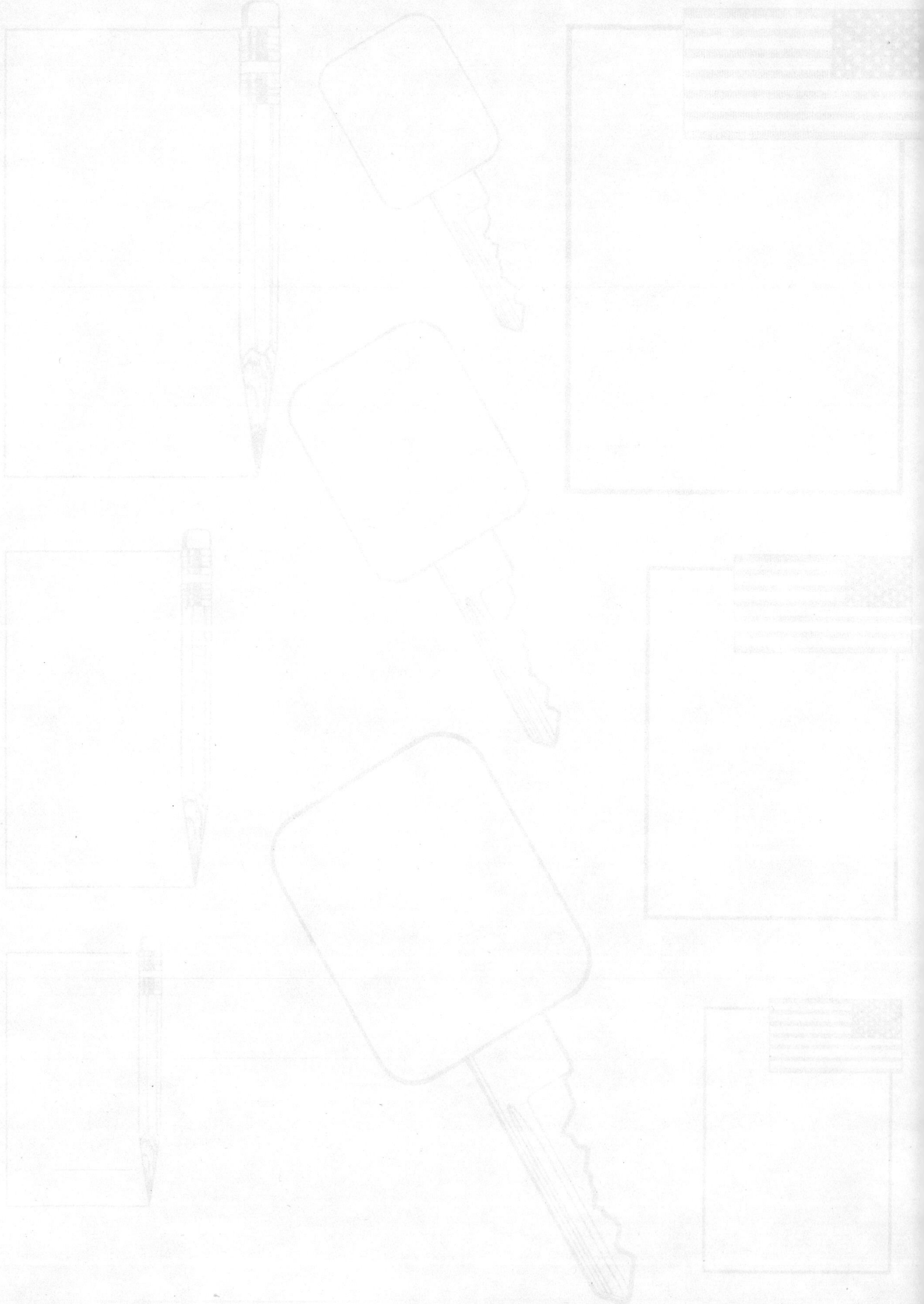

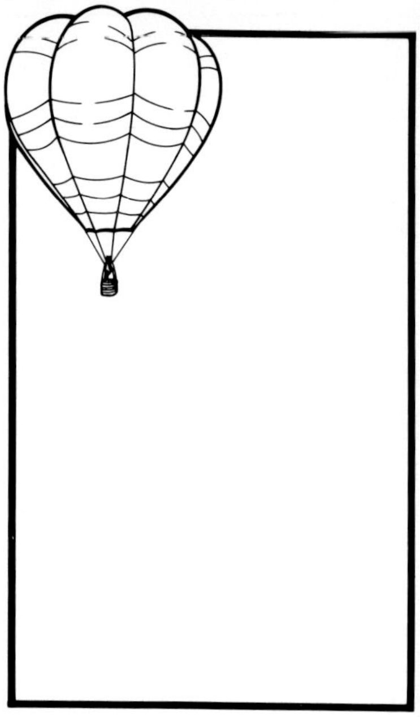

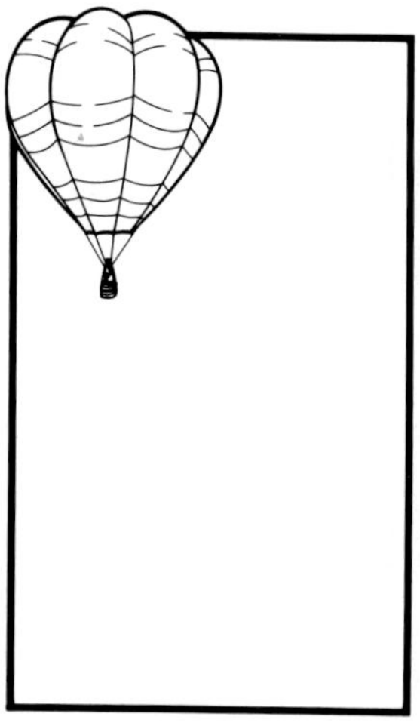

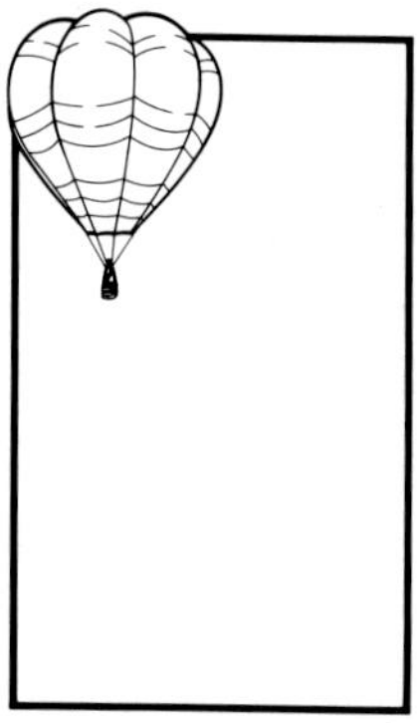

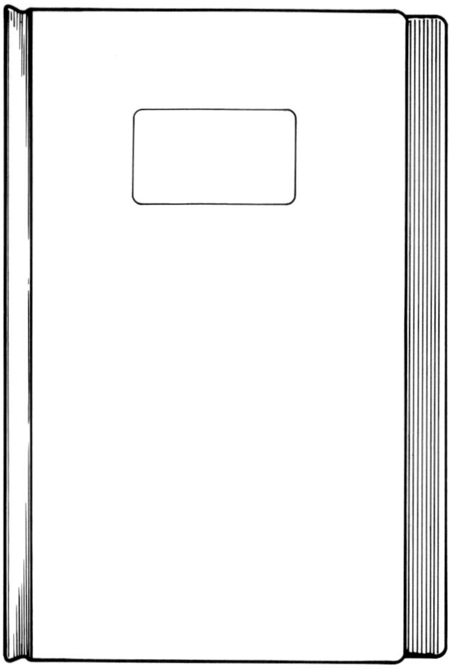

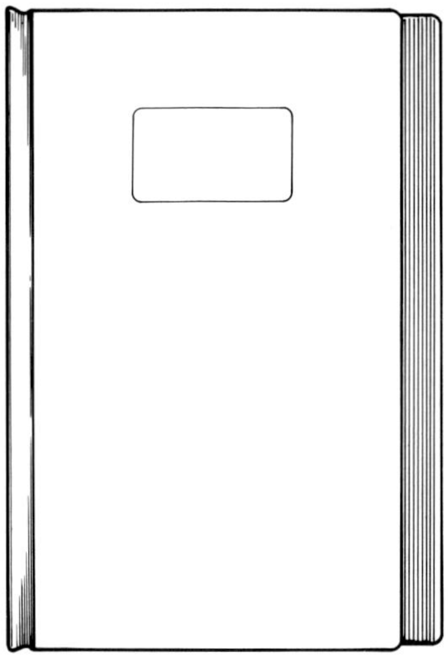
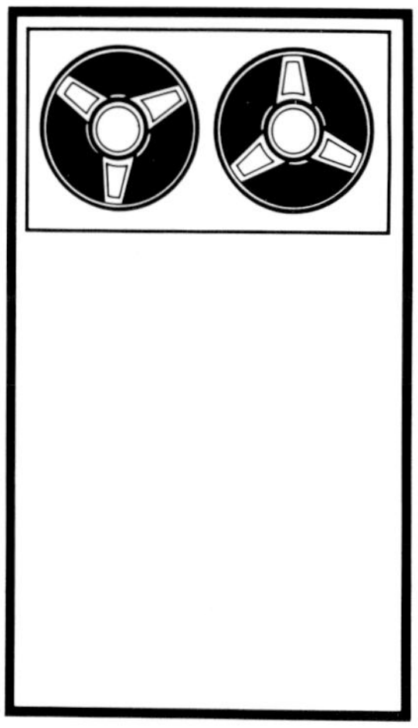

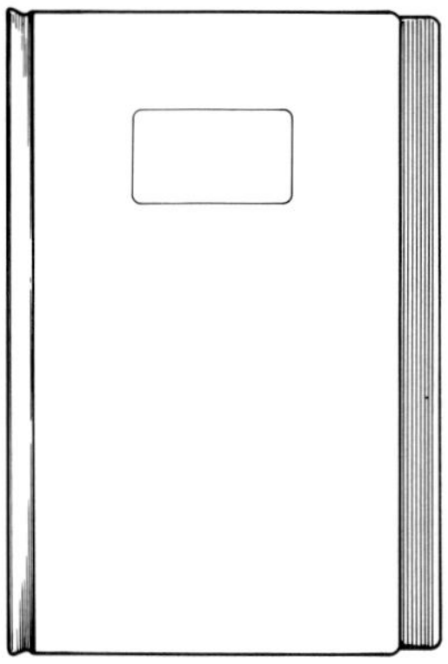
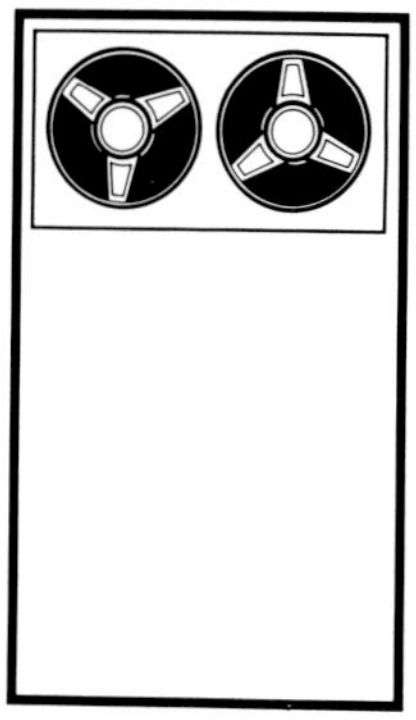

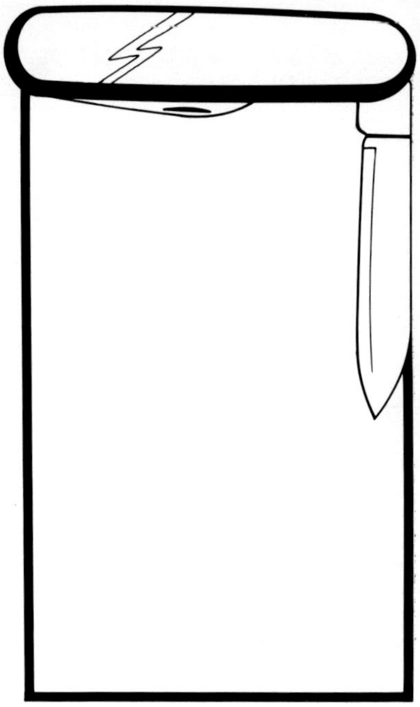

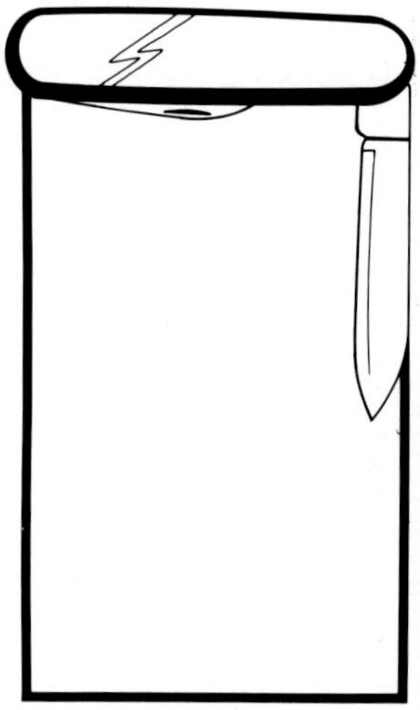

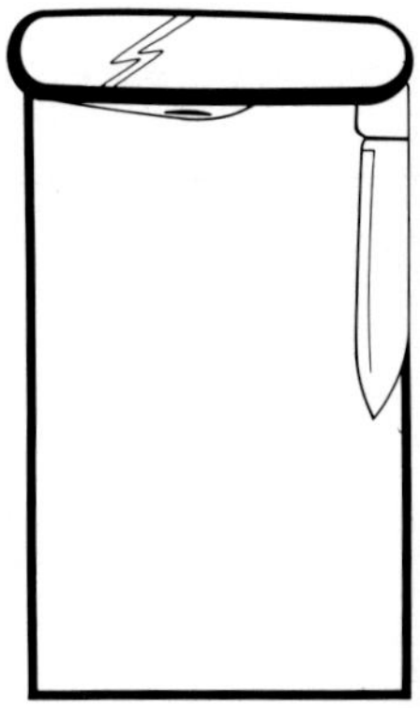

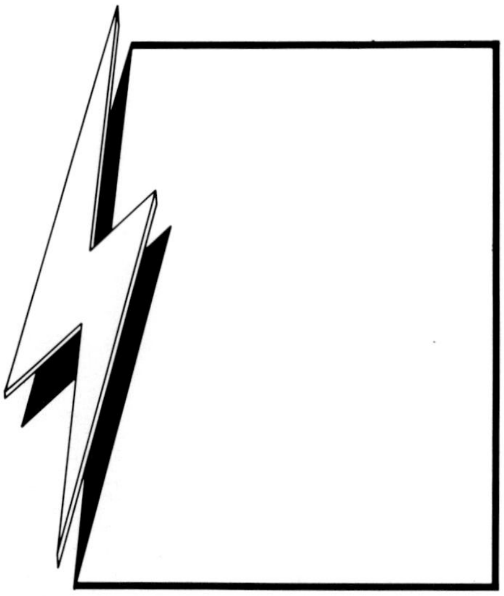

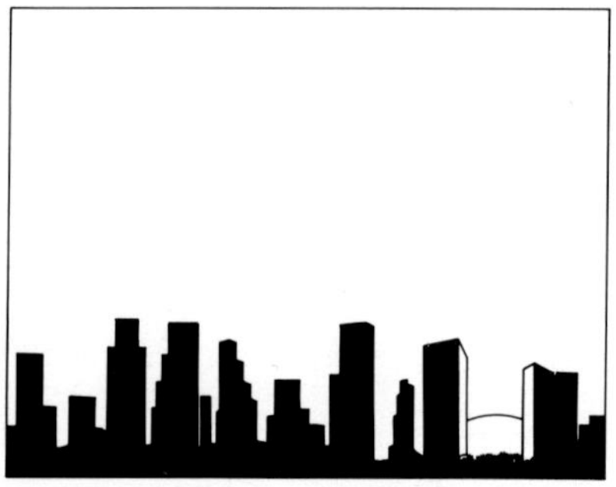

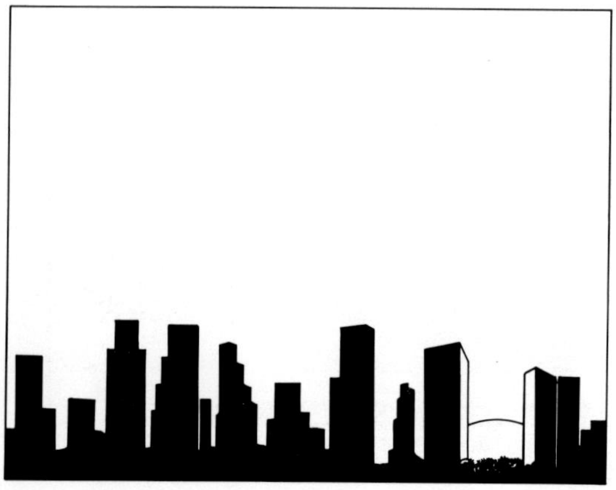

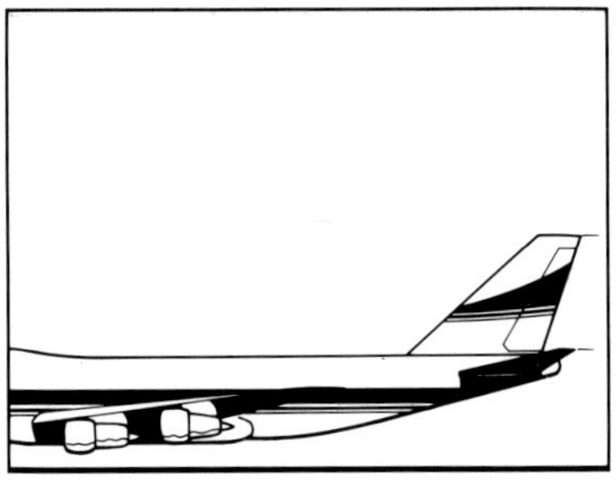

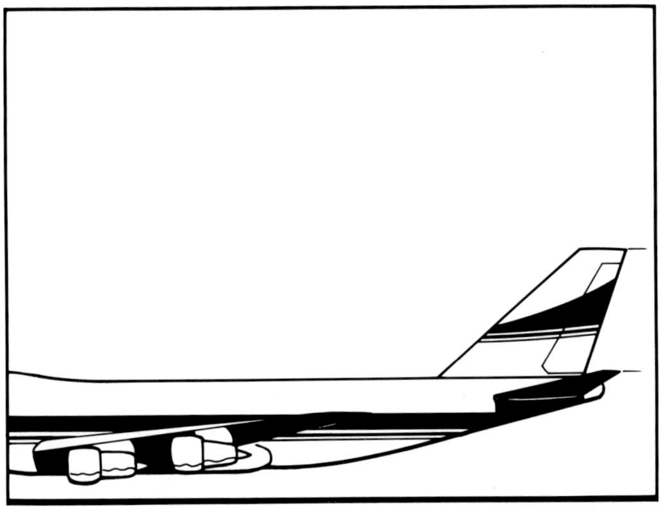

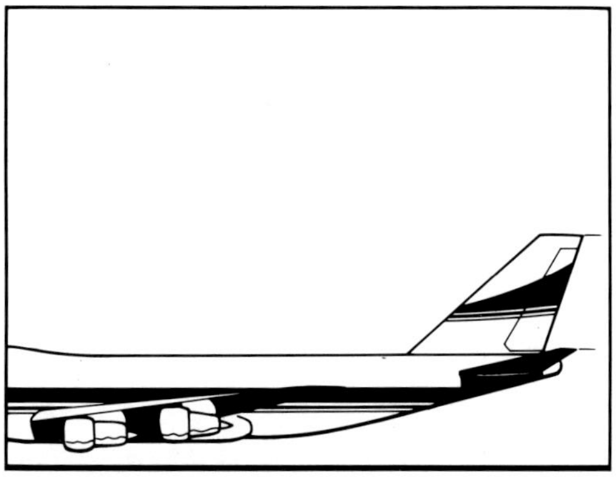

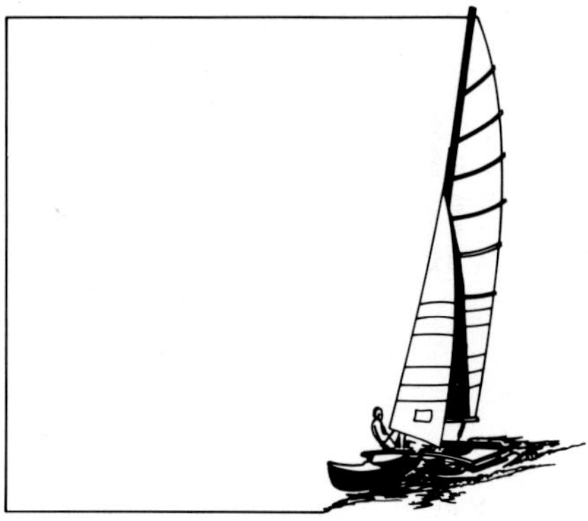